JN439833

Jung Sook

시인 정 숙

유배시편

정 숙 시집

유배시편

Poetics 시학

■ 시인의 말

세상이, 사람이, 풀잎까지
모두 시퍼렇게 칼날을 벼리고 있었다.
그 두려움의 문을 열고
무장해제를 하기 위한
나를 달래고 환한 세상 속으로
나아가기 위한 작업
그것이 내가 아편 중독자처럼
시 속에 빠져 있는 이유다.

2011년 11월
정 숙

차 례

돛대
— 유배시편 · 1

삶의 전쟁터에서 뒤처져 버렸다
디지털 속도 따라잡지 못해
한 집안 맏이로서 마지막 보루인
양반 뼈대 지키기 위해 제 안에 담 쌓은
저, 늙은 소나무 하나
겨우 세 평짜리 안방에서
뼈만 앙상한 제 면적조차 과분하다며
허옇게 이파리 떨어뜨린다
한때 바람의 길 찾아 주는 길잡이로서
노란 송화 가루 뿌려 대던 시절 말아
혓바닥에 돌돌 연기 동그라미
허공에 굴리는 저, 사내
부러진 돛대의 자존심 어루만지는가
찢어져 간간이 펄럭이는 무명 돛에 남은
생의 뽕잎을 천천히 갉아 먹고 있다
흐린 술 몇 잔으로
낡은 햇볕과 바람에게 감사 편지 쓰면서
늦가을 세한도 완성해 가고 있다

돛
— 유배시편 · 2

살얼음이 칼바람 물고 달려드는 밤
서울역 지하도에 웅크린 사람들
세상사 뭐든지 꿰매고 깁던 버릇 버리지 못해
긴장된 순간들을 모아 시간 조각보 박음질하네
가슴속 낡은 생의 미싱 바퀴를 돌리고 있네
침침한 바늘귀에 실 꿰어
지친 손가락 마디 호고 감치네
끝내 바늘귀를 찾지 못하고
헛바퀴만 몇 바퀴 드르륵 돌리다가
무연히 드러눕는 사람들
찬 바닥 신문지 몇 장 깔고 누워
허공으로 둥둥 지상의 가족을 내려다보네
미안하다, 사랑한다, 틀 바늘은
간간이 헛소리하는 제 주인의 꿈 깨우지만
드르렁, 컹, 컹, 코 고는 소리만
지하도의 밤 울리며 지나가네
속절없이 무너진 가슴속 세상을 돌리며

길을 묻는 재봉틀 헛바퀴 소리
그 신음 속 밤의 폐부를 가르는 바람 소리
부러진 돛대 지키느라 너덜너덜 해진
저 돛, 누가 촘촘히 박음질해 이어 줄 것인가

삿대

— 유배시편 · 3

전생이 무슨 죄 지었는가

몸이 제 할 일을 하지 못하지만
정신만은 살아 펄떡펄떡
죽어야 산다는 뚝심 하나로

박사가 된
뇌성마비 김 씨

아예 돛대도 없이 태어났지만
그나마 가진 고장 난
일급 중증 장애 삿대를 쉼 없이 휘젓고 있다

생의 가을날
잘 우려낸 차 한잔이 되어
기어이 전생 하늘 끝 깃발 하나 세우려는가

미친바람발전기

— 유배시편 · 4

불에 타 버려 통제 불능 풍력발전기
저 바람의 여자
제 몸속 발정 난 바람개비들
아직 탈 없이 돌아가고 있다며
삐거덕 삐거덕
몸 바람 일으켜 세운다
그 열기, 그 숨결
가쁘도록 돌리고 또 돌려 대지만
헛바람만 온 집안 들쑤시고 돌아다닌다
밤낮 휑한 빈집에 갇힌 찬밥 덩어리
그 남자
노을 물들이는 그 미친바람의 발갈퀴가
날마다 으스스스 등골 찔러 댄다며
부황봉화불이나 지피고 있다

밍크에게

— 유배시편 · 5

밍크코트 한 벌에
밍크 쉰다섯 마리가 살 처분당한다고?
그렇다면 토끼 너구리 개 여우들은
평생 철창에 갇혀 있다가 죽어야 비로소
자유로워진다
생목숨 산 나무에 묶고
핏물 뚝뚝 떨어지는 그 껍질 벗겨 들고
히죽 웃으며 '신선해 보이죠?'
돈 몇 푼에 수많은 목숨 위리안치 시켜야 하는
저 중국인들과 같이 자신도 모르게
그 무엇에 유배당한 우리 여인네들의 허영
'신선하다!' 는 한마디에 짐승들의 피눈물 맺히고
비명이 얼어 상고대로 매달린다
그 말에 소름꽃 피어나는 내 몸이
또 그들 울음의 유배지가 된다
오늘도 빙하기로 팝콘수다 튀기기 위해
밍크들의 비명 숨죽이는 모피 걸치고 나선다

죄 없는 한 생의 그물 성글게 짜다 만
굵은 바늘귀들이
툭, 부러진 채 벌겋게 젖어 흔들리고 있다
어쩔 수 없는 방관자 그 왕버들
머리카락 산발한 채 울부짖고 있다
누가 저 짐승들의 비명 들은 적 있는가
마침 동물의 왕국
독수리들의 날 세운 부리들이
죽은 사람의 골수 콕콕 찌르고 있다

쪽지와 구멍
— 유배시편 · 6

[칠레 광부 33인이 700미터 지하 광산에 갇혔다 매몰된지 한 달이 지났는데 그들은 애국가를 부르며 두려움을 견디고 있다 그 사이 딸아이 에스페란다가 탄생하고 그 가족들은 광산 위에서 힘내세요! 노래 부르고 광부들은 어둠 속에서 조국 칠레!를 외치며 기적의 꽃이 피기를 기다리고]

예상하고 있었다 밥줄이
저 밥줄, 언젠가는 순간적으로 자신의 몸 가두어
끝내 제 목숨 거두어 갈 것이라는 사실을
아슬아슬 외줄타기를 해야 했던 아득한 나날들
무너진 갱 속에서
오직 희망은 구겨진 쪽지 한 장뿐
'살아 있다' 그 글귀 하나
애간장 다 태우며 기다리던 이들에게
살아 있다! 기쁨을 안겨 준 신의 목소리
단 몇 개의 낱말로 이루어진
그. 것. 은. 바. 로. 시! 시였다

세상 사람들 울리고 가슴 설레게 한 명시 한 편
그런 명시를 쓸 수 있었던 것은
삶과 죽음의 갈림길에 선 낭떠러지
삶도 죽음도 곧 무너질지 모르는
그 유배의 공간에서
우정과 조국애가 꽃피어날 수 있었던 건
실오라기 구멍 하나 트여 있었던 까닭
글귀 한 줄
고 작은 숨구멍이
하늘이었다, 시 그것

꽁치, 저 한 편의 시
— 유배시편 · 7

통조림 깡통에 그려진 짧은
한 생
제 지느러미 가시 칼날처럼
곧추세운다

쉽사리 잡히지 않으려 하늘 그림자에
피 말리며 매달리기도 했다
그러나 잡혔다

간절한 풍경이다
땡, 땡, 하늘을 깨우다가
쨍그랑 유리잔을 깬다

절명의 한순간 퍼뜩! 깨닫는다
산다는 것은
어차피 누구에게 먹이가 되는 길 찾는 일

이제 제 몸뚱아리 허공에 다 내주었는가
저 한 편의 시
맨가슴으로 읽으면 될 것이다

김 배달

— 유배시편 · 8

달려라!
너, 김 배달
오늘도 오천 년 배달민족의 바통을 들고 달려야 한다

물려받은 씨앗 잘 갈무리하여
주춧돌인 두 아들에 살림 밑천인 딸도 두었고
별 볼 일 없는 간판의 회사지만
명문이라 우기며
아래위 서류 전달도 어지간히 해 댔지만
이제 겨우 세상맛을 알 만한 나이인데
밀려나 세월 오토바이를 탄다
부릉! 부르릉! 온몸 솜털이 곤두서서 춤을 춘다

이 나이에 배달민족의 근성 확실히 보여 주겠다고
잠시 죽었던 한 남자 다시 일어선다
그 고사목에 새잎이 돋아난다

지하 단칸방에 세 들어 살면서
제 주검까지도 가난한 이들에게 기부한
어느 짜장면 배달원의 정신 깃발로 건다

살 처분

— 유배시편 · 9

1

정철은 술상을 마주하고 앉은 진옥에게 수작을 건다

“옥玉이 옥이라커늘 번옥燔玉*만 여겼더니
이제야 보아하니 진옥真玉**일시 분명하다
내게 살송곳 있으니 뚫어 볼까 하노라”

기생 진옥은 지체 없이 수작을 받아 준다

“철鉄이 철이라커늘 섭철*만 여겼더니
이제야 보아하니 정철正鉄*일시 분명하다
내게 골풀무 있으니 녹여 볼까 하노라”

얼, 시구! ‘굿거리장단’ 으로 놀고 자빠졌네
잡것이 섞이지 않은 시우쇠라고?
모조품 아닌 참옥이라고?

덩따다다다 꿍따다다다 덩따다다다 꿍따
지난겨울 살 처분 당해 가죽도 뼈도 남기지 못한
소귀신들
내 어설픈 장구 놀림에 붙어 울분을 풀어 놓는다

"아으 다롱디리 어긔야 어강됴리
달하 노피곰 도다샤 머리곰 비취오시라"*

2

엉뚱한 곳에 분풀이가 아니라 수작이 모두 개수작, 내 살아생전 옴짝달싹 못하게 통 속에 가두어 항생제만 처먹이더니 배 속에서 세상 구경 한번 못해 본 내 새끼들만 마구 땅에 파묻어 놓고 금세 돌아앉아 고기 살점 불태워 먹으며 '오. 바. 마!'* 소주잔 부딪히는 게

음매~ 너희 인간구제역이여!
사람 짐승들이여! 시방, 음매~ 울어라, 울어
내 뱃가죽 살가죽 찢어지도록

더덩! 더덩! 덩! 덩!

덩더꿍! 덩!

---

* 번옥燔玉 : 돌가루를 구워 만든 옥.
* 반옥半玉 : 사람이 만든 모조 옥(원래는 '반옥' 으로 되어 있었는데, 본 시에는 '번옥' 으로 되어 있습니다).
* 진옥眞玉 : 참옥, 기생 이름.
* 섭철 : 무쇠, 정련되기 전의 거친 쇠.
* 정철正鉄 : 시우쇠, 잡것이 섞이지 않은 쇠.
* 정읍사 부분.
* 오빠 바라보지만 말고 마음대로 해.

호객 달맞이꽃

— 유배시편 · 10

1

가출한 뒤
역전 뒷골목에서 밤마다 불 밝히며
제 병든 꽃가루한숨 파느라
사람들의 시선 끌어들이던 길거리
숨은 꽃

그 헐벗은 여자
저녁이면 온몸 작은 전구 휘감는다
제 몸 한구석 검게 타는 줄 모르고
불의 눈동자 더 크게 부릅뜬다

2

몸속 타오르는 불 끄지 못하는 이들 호객하며 손을 잡아 끌어들이는 저 병든 꽃송이, 해맑고 노란 달빛 빛깔을 발하는 것은 그들 또한 진흙 밭의 연꽃이기 때문인가

딸에게

— 유배시편 · 11

1

송곳니 햇귀를 갈고 있는 방울뱀
서릿발 치는 눈밭에서
젊은 날의 아버지 어머니 서 계십니다

'딸아
이 세상 사계절은 모두가 눈구덩이란다
미끄러지지 않도록 외줄타기 곡예를 해야 해
오로지 앞을 주시하면서
뒤꼭지 순간적인 기후 변화를 감지할 수 있어야 해
무엇보다 눈길에선 입과 눈, 귀의
설피 끈 단디 묶어야 해
본다고 듣는다고 다 말하는 게 아니란다'

2

'아버지
그 말씀 지키며 사노라니 세상이 두려워요

꽃피는 시절 사랑한다, 미워한다 한마디 말 못하고
한 생이 노을 속으로 미끄러져 갔어요
어둠의 나이테에 갇혀 막막해서 흐느낄 수도 없으니'

'어리석구나! 딸아
사랑한다, 보고 싶다 그 말이
설령 네게 수치스런 치마 둘러 입힐지라도
그땐 단단히 묶은 세상 설피 끈 풀어 버려야지
차라리 맨발로 미끄러져라
설령 시든 고춧대에 코가 꿰이더라도
자꾸 미끄러지다 보면
그 상처 속에서 해어화 한 송이쯤 피워 내지 않겠니?'

3
'네 조상 포은 선생은 휘어질 줄 몰라 가문을 지켰지만
넌 히말라야의 삼목처럼 휘어지면서
사랑한다, 미안하다
한여름 장맛비처럼 자주 속삭여라

그 용서의 빛줄기 타고
세상을 더 높이 멀리 바라보거라
이 아비도 생전에 가장 쉬운 말 한마디 못했구나
사랑한다, 딸아'

햇살 번개탄
— 유배시편 · 12

내 한 몸 불살라
겨울 나목들 암실 숲에
얼어붙은 정담에 불붙여 주기 위해

그 불씨로
섬과 섬, 얼음벽 사이
푸성귀로 시장 난전을 연 할머니 굳은 어깨에
들불 산불 일으켜
산경표山経表 서 있는 길 태워 버리기 위해

꺼진 연탄에 불붙여 주던 번개탄처럼
해종일 제 발가락 촉수들 깨워 일으키느라
서산마루 땅거미 다가서는 소리 모르는

저, 봄 햇살

그 돛대, 누구인가?
— 유배시편 · 13

1

가는 수저처럼 보이는 큐렛이라는 고리 모양 강철 나이프를 자궁에 삽입해 아이의 신체를 절단해서 긁어 낸다

2

'엄마' 한번 불러보지 못하고
잡히지 않으려 발버둥치며 도망가는 태아
갈기갈기 찢기어지는 생명들

위 내용을 말없이 받아들이는 기계음
프린터가 푸르르 몸서리친다

명명백백 죄상을, 살인이 아니라고 끝내 우기며
삿대질하는 그들에게 박수 치는
시대의 공범들

풀 한 포기, 알 하나에도 생명이 있다고 너스레 떠는 그들의 선장, 돛대*는 누구인가?

* 우두머리.

넝마 아리랑

— 유배시편 · 14

일개미에게 공손히 절하는가
90도로 허리 굽히는 한 할머니
빈 깡통 종이 박스에 담긴
헛바람, 헛꿈을 꾹꾹 눌러 단단히 묶는다

육신의 짐에 파묻혀 리어카를 밀고 가는
그 깜깜한 밤을 노을이 천천히 끌고 간다

시간 밥줄은 달동네 판잣집에서도
허리 제대로 펴지 못하고
끙, 끙, 아리랑 고개 아라리오 넘어간다

어린 손자의 밥통 살리려 일평생 고된
그 일이, 버려진 목숨 거듭나게 하는
소중한 일인 것을

아흔이 다 되어도

굽은 허리의 숨은 그 힘 깨닫지 못한 채
넝마 아리랑 고개, 고개를 넘어간다

제비부부

— 유배시편 · 15

미처 날아가지 못했다
날개를 다치거나 마음이 상처 입은 것도 아니다
바람의 방향 따라 모두 잘도 둥지를 옮기고
따스한 둥지 지키기 위해
주머니 먼지 탈탈 털어 가며 손 비비기도 잘하는데

한번 잘 살아 보려고 아등바등 칼을 갈았지만
이 겨울 일거리도 없이
콘크리트 벽 한 귀퉁이에 겨우 세 들어 지은 둥지
처마 끝 바람가리개도 없어 흔들리고 있다
언제 떨어져 버릴지 모르는
나뭇잎처럼 점점 피 말라 가고 있다
햇살 따라 미리 남녘으로 떠난 아들은
일자 소식도 없다

뜨신 밥 한 숟가락보다 꽃과 꽃송이
그 틈에 숨은 냉기 녹이려 제 온몸 뜨거워지며

목을 돌리고 있는 저 선풍기 난로
제 뒷덜미 벽까지 그 훈기 돌려주지 못해
딱, 딱, 혀 차는 그런 훈기 그리워
서로의 깃털에 부리 꽂은 채 얼어 가고 있다

도가니에 갇힌 별이, 별들에게

— 유배시편 · 16

1. 어느 종군 위안부의 증언

열일곱 꽃다운 몸꽃잎 처음 찢어지던 날 온몸 피투성이 주먹질하며 군도로 사타구니 찌르며 담뱃불로 지지느라 사방에서 살 태우는 냄새와 비명이 들렸지요

위안부 지역의 일본군이 항복을 거부하고 자폭할 때 비밀 누설 방지라는 이유로 같이 죽도록 강요받기도 했는데 이를 옥쇄 정책이라고 하는데,

근데, 그런데 지금 이 시대 버젓한 장애인 학교에서 아, 그것도 같은 동포끼리 또 스승이 제자들을 짐승보다 더한 취급하는 이들과 저 군도 무엇이 다릅니까? 귀먹고 눈먼 약자들도 밤하늘 밝히는 별 아닌가요?

2. 별들에게

그 누군가의 등대가 될 수 있기에 별아, 너는 칠흑 어둠 속을 헤매느냐 세상의 작은 빛이 되고 싶어 해 뜨면 죽었다가 달 뜨는 저녁이면 거듭 깨어나고 깨어났다가 다시 죽기를 되풀이하는 너

부싯돌처럼 순간과 순간 사이 삶과 죽음이 부딪히면서 발하는 그 발광의 연속, 별빛의 진실을 간구한다 그 눈부처엔 캄캄한 어둠을 살라 먹는 별아, 새벽하늘의 별아

새벽 청소부
— 유배시편 · 17

날마다 벽에 공 던지다가
던진 만큼 되돌아오지 않아
뼈아픈 삶, 그 안타까움이
미처 자라지 못한 날갬지 파닥
파닥거리다 누운
휘휘한 저 눈빛을 쓸어 담아

새벽 불공이나 기도드리는 성직자들
시간의 잔해, 낙엽들을 비질하는 이들
부처님 말씀 은은히 들려주는 범종과 목어
이 모든 새벽 청소부들을 위해 기도하시는

저 높은 곳에 계시는
그분들 또한 새벽 청소부 아니겠는가

레미콘 저 남자
— 유배시편 · 18

울타리 안엔
두 황소 뿔이 맞서고 있어
늘 티격태격 소란스럽다
손 갈고리에 걸리는 것은
무엇이든지 한 몸으로 붙여야 직성이 풀리는
붙임성아내

냉소적이면서 외톨이로 남으려는 모래알 습성
시어머니, 그 껄끄러운 며느리 틈에서
두 여자가 꽃으로 잎으로 잘 어울려야만
잠 편히 잘 수 있다면서
저 남자 오늘도 제 몸 천천히 돌리고 있다

서로의 뿔 깎아
바가지 가루의 비율 알맞도록 섞어
이웃으로 향기 번져 나갈 어울림
꽃밭세상 가꿔 보자고

중심론

— 유배시편 · 19

하루살이와 불나방들
자신이 하찮은 존재인 줄만 알았다가

죽어서야
제 몸 기름이 어둠 속 불 밝힌다는 걸 알고

자신이 세상의 중심이라는 것과
산다는 것의
의미를 깨닫는다

그 순간
가로등 불빛 환하게 너털웃음 웃는다
그 웃음길 따라 새벽빛이 찾아온다

지하철

— 유배시편 · 20

날마다 헛바람 등에 지고
살아가는
저 근육질 사내

누구의 묵은 그리움 이어 주려
저리 청석산을 뚫고 달려야 하는가

한 주먹거리도 안 되는
내 마음
그 허술한 세상 벽조차 관통해 볼
엄두도 못 내면서

투사, 나환자들
— 유배시편 · 21

서대문 형무소에 한센병 환자들 수용소가 있었다

보리밭에서 사람 간 빼 먹는 문둥이만 아는
나보다
황국신민을 찬양하는 글이 밥줄이었던
어느 문인들보다
배달민족의 용기 살아 있었던 그들

온몸이 썩고 진물이 흘러
가정에서 쫓겨나 이웃의 돌팔매질에
가슴 찢어진, 일제강점기
소록도까지 가혹한 형벌 일삼았던 그들에게

철없던 시절 친구 따라 딱 한 번 던진
돌멩이
몇십 년 돌아 지금 내 가슴에 꽂힐 줄이야

혜화동 예인선

— 유배시편 · 22

누구도 항구에 닿지 못하리
수십만 톤의 전함도 가랑잎 쪽배도
그가 없으면

시학 뜨락 감나무 연푸른 파도 아래 서서
시인들의
바다부두로 길 이끌어 주려고

떨어지는 감꽃이
댓잎 빗방울이
하늘운판 쳐 대는 소리에 귀 기울이느라

시의 파도에 갇혀 아무것도 가지지 못한
그러나 세상이치를 실오리에 꿰어 목걸이 해 주는

그 남자
어둔 세상 난바다의 예인선 같은

아날로그 안테나

— 유배시편 · 23

어느 날 갑자기
세상사
다 부질없는 짓이라며 넓은 바다도 버리고
내 물결바다에 갇힌
저, 사내
날마다 나의 행적을 추적하고 있다
침묵의 긴 꼬리 휘익, 휘이익 휘돌리며
제 성깔 작살에 찍히고
히스테리에 비늘 찢어진 채
범어포구 지키는 귀신고래
무뎌진 아날로그 안테나 지붕 위 세워 놓고
호반찻집으로, 회관 바람의 집으로
이리저리 방향 조절하느라
하루가 짧고도 길다
시어 금맥에 혈안인 마누라, 그 가물가물한
야래향 체취
엿가락 시간 얼기설기 엮어
뒷방 아이비 시든 줄기에 걸어 두고

발가락으로 밥을 들다

— 유배시편 · 24

발가락으로 숟가락을 겨우 드는 장애자
남자의 본능은 더 생생하게 살아나는가

밤낮 꿈틀대며 괴성 지르는 자식 안타까워
어느 시설에 맡겼다가
아무에게나 집적대다가
두들겨 맞아 죽었다는
칼날이 심장을 마구 찔러 대는 비보

어머니의 그 휘휘한 심정
그 슬픔의 무게 무엇으로 달아 볼 수 있겠는가
누군 발가락이 그림을 그려
전 세계로 꽃바람을 날린다는데

눈빛 족쇄
— 유배시편 · 25

내 한숨, 눈물
그리고 웃음을 담는 그릇
저 남자
환한 조명등 아래서
남의 시선에 지친 날 감싸 주겠다는 선서까지 받았는데
그의 벽마다 달린 눈빛이
왜 겨울 달빛보다 더 싸늘하게 빛을 발하고 있는지
깊은 웅덩이 속 첼로 소리를 내고 있는지
삼십 년이 지난 지금
자신의 심장 속 내 방에 군불 지피지 않는다
불씨 꺼진 재만 바라보면서
엉뚱하게 참말로 아이러니하게
믹서 커피가 식어 버린 이유에만 골몰하고 있다
결혼이란 또 다른 유배지에서
불씨마저 꺼뜨린다는 것은 큰 죄악 아니겠는가
핑계 아닌 핑계로 난
그의 녹슨 족쇄를 더 세게 조이고 있다

‘휘발유 떨어졌다 핑계 대지 말고
고마, 그 깜깜한 등에 불 좀 켜 보이소!’
그럴 때마다 그는 맹한 눈빛 족쇄로
겨우 내 심장에다
불만 화끈화끈 내지를 뿐

내 생의 반짇고리 늘 비어 있었다
— 유배시편 · 26

여자는 한 송이 상사화로 사는 게 당연하다며
흰 무명실로 직선 박음질만 하며 달려온
나의 한 생애

깡소주 한잔에 취해 비틀 곡선 그으며
새 길 낸다고 새발까치 뜨면서 강짜 부렸어야
그와 눈빛이라도 부딪힐 수 있었는데

범고래 한 마리 펄떡이는 바다의 품에 쓰러져
흐느끼는 척 내숭 떨며
불그스레 취한 눈빛으로 팔자 뜨기 하며
그의 애간장 지글지글 태웠어야 하는데

낙엽 지는 가로수 아래서 손 흔들며
가슴속 굵은 바늘로 휘감치기 하는 그의 어설픈 미소
산속 까치가 지친 외로움 시침질하느라
낙엽 뼈대 콕콕 찍어 대는 소리

이 모든 감성의 조각들 손바느질로 공그르고
박음질하며 색색이 돋보이면서 서로 잘 어울리는
색동 꿈의 조각보 하나 완성했어야 하는데

짜증바늘

— 유배시편 · 27

어허! 계남 1리 대구댁 저 대바늘들
날마다 골무의 가슴 한 귀퉁이 찔러 댄다
뭐가 그리 다급한지 덩! 덩! 꿍따꿍!
휘모리장단으로 몰아붙인다
학용품 학비 제때 못 대 주는 부모는
삶의 낙오자, 얼마나 중죄인인가
어미의 찔린 가슴은 덩따꿍따! 덩덩 덩 따따!
자진모리로 피 솟구쳐 오르고
'뉘 집 거지새끼야?'
한마디 툭! 던지는 담임의 굵은 짜증바늘에
숨 막힌 성혈바위 골무
그녀를 위로하는 듯 양철 지붕이 비를 때린다
덩, 덩기덕, 쿵기덕, 쿵따 쿵따, 덩 따다다 쿵 따다다
어얼쑤! 굿거리장단 돌아간다
분노한 아버지의 꽹과리도
그랑 당, 그랑 당, 깨갱 깨갱
폭풍을 휘몰아쳐 오고

뒤란 감나무 놀란 가지들이 열두 발 상모 돌린다

불그리 취한 감잎들은

노세!

노세!

젊어서 노세!

다시 춤을 추고

파도 페이지

— 유배시편 · 28

한때 먼바다까지
제 꼬리로 파도 거품 일으키던
저, 남자
차라리 우울의 바닷속으로
첩첩이 쌓여 오는 파도 페이지 뒤적이며
회오리바람 휘감으며 천천히 걸어 들어간다

너, 죽고 싶도록 휘휘한 시간
아무리 거세게 휘몰아친들
새우의 등지느러미 함부로 짓밟아 버리는
세상 미친 파도 바람만이야 하겠는가

그는 마침내 혼자 떨어져 앉아
섬이 된다
안방 바다 한가운데 쉼표를 찍는다
그동안 삼킨 바람파도 다 끌어안고
혼자 울부짖다가 웃으며 중얼거린다

거부하지 않으련다
밀려오너라 내 몸을 갉아 먹어라
그래야 네 속 시원하다면 얼마든지
높새바람아
해일아

빈 병

— 유배시편 · 29

단물 다 빨린 뒤 안락의자에서
버림받은 빈 병 하나
생의 파도에 밀려나와 중얼중얼 바람에게 따진다

거미줄 치며 그 자리 오르느라
먹히다가 삼키다가
겨우 와이셔츠 깃 빳빳이 세울 수 있었는데
왜, 내가 수성장 장터 저녁 무렵의 폐휴지 신세냐?
가장의 어깨 짓누르는 저울추 무게 어찌하나

한순간 물너울이
외나무다리에 걸린 중년을 이리저리 굴리고 있다
남자의 뿔 재생시켜 줄 넝마주이들은
음험한 이 시간, 무궁화 자랑하며
어느 흑장미 골목에서 헛기침만 하고 있는데
뒷짐 지고 빈 하늘만 바라고 있는데

바람은 물거품 한가득 문 입으로
그의 담배꽁초 사르는 불길만
살짝 건드리고 사라진다

경마장 싸나이

— 유배시편 · 30

마지막 경주
이제 다시 갈아 끼울 수 없다
목숨의 말발굽 편자 다 닳아 빠져
한때 우렁차던 발굽 소리
그 누구도 귀 기울이지 않는다

그래도 가파른 산길 막무가내로 달려야 한다
이랴! 이랴! 쉰 소리 죽어라고 자신을 채찍질한다
세상 문 닫은 안방 경마장에서 그는
벌써 구 년째 이불 한 모서리 잡고

비록 세상 풍랑에 밀려나 갈기털 다 빠지고
발굽 편자 다 닳아 쓰러지더라도
생의 숨길 마지막 멈추는 그날까지
허덕허덕 달려야만 한다며

그래야 사내다

최소한 싸나이 대접을 받는다며
식은땀으로 이불 푸욱 적시며
죽음과 맞서 싸우고 있다

원박이네
— 유배시편 · 31

'경주댁이요
일곱 살짜리 지 딸아가
시도 때도 없이 게거품 물고 나자빠져서
지랄병이라고
대구 저 어느 골목에 버렸는데
지금 어느 곳에서 살아 있기나 한지
살아 있다 카믄 한 스무남 살은 되었을 낀데
해만 빠지면 가슴이 답답해서 미칠 지경이라요'

꺼이꺼이
무명 적삼가슴을 쥐어뜯는다
동네 궂은일 도맡아 하면서
아이들도 '원박이네' 부르며 심부름시키던
고지기 집 아줌마
과수원 풀밭에 숨긴 밀주 동동주 몇 잔에 취해

삶의 형장에서

— 유배시편 · 32

산다는 건 선 긋고 줄 잇는 일이라
어떻게 선을 잘 치느냐에 따라 세상이 달라지는데

쇠마물떼새는 비포장 길에 알을 품다가
다가오는 트럭에 깔려 버리고
개개비는 갈대밭에 둥지를 틀어
보금자리 떨어질까 전전긍긍하고
동고비는
까막딱따구리 둥지에 진흙으로 제 몸 맞춰
담을 쌓지만 곧 돌아온 집주인이 허물어뜨리고

자연이 사람들에게 세 들었는지
사람이 자연에게 세 들었는지, 지극히 애매모호한
경계선
그 아슬아슬한 선에 매달려
그 선들의 다툼 때문에 태풍 루사에게 산 채로
소나 돼지를, 사람까지 제물로 바치는 것인가

갑자기 4단 기어를 넣었는가

— 유배시편 · 33

사월 아침, 시간 브레이크 밟고
민들레 차 한잔 마시는 동안 화들짝 피어난다
김 경 옥 씨네 창밖 수박자두 꽃 몽우리들

봄바람 받아들이지 않으려 옷고름 꼭꼭 여미더니
갈 길이 왜 그리 급한가
겨울 눈바람 느릿느릿 견디던 기억 급히 지워 버리고
여름, 그 뜨거운 날이 그리 조바심 나는가

봄날은 이제 겨우 시작일 뿐인데
어둠의 초대장이라도 받았는가
곡차 한 상 차림도 없이 문 활짝 열어 두고
막무가내 달아오르면 어쩌자는 말인가

대체 어디로 새빠지게 달려가라는 말인가
하루해 기울기도 전
그새 꽃 이파리 호르르 지우면서

나팔꽃 우물

— 유배시편 · 34

죽어 가는 느티나무
고목 둥치 쓰다듬는 듯 감아 오르며
몇 송이 붉은 꽃 피워 두려운
그 마지막 길
밝혀 주는 걸 보면 나팔꽃은
또 다른 하늘이고 부처로 보이다가

눈 닦고 다시
꽃의 그 우물 속 바라보면
기세 좋게 다가서는 댕댕이 줄기
피해 허겁지겁 하늘로 오르다가
지친 한 연약한 목숨
눈물방울이 비치는구나

사랑초 프린터기
— 유배시편 · 35

한 번도 눈 부라릴 줄 모른다
햇살이 시키는 대로 꽃피우고
바람 부는 방향 따라 흔들릴 뿐
저 작은 꽃 이파리 속
침을 한 번도 일으켜 세우지 않는

프린터기처럼
이유, 묻지도 따지지도 않는다
세렝게티 초원 포식자들의 으르렁거림도
사랑이라며, 순정과 믿음의 꽃다발 말리며
살아가던 어느 종갓집 맏며느리

시집이란 유배지 지키느라
제 꽃잎 다 시든 뒤 뜬눈으로 밤 지새우며
'난 참 바보처럼 살았군요'
를 되풀이하다가
진짜 바보가 되어 버린

죄 없는 죄 짊어진

너의 종

관능경
— 유배시편 · 36

유등리 유호연지 연꽃들은
꼭 햇살 조명 아래서 제 꽃몸 열며 부르르 떤다

색소폰 흐느끼는 로라 음률의 석류꽃
그 빛 눈 시리다며
한쪽 눈 감은 바람과 비비춤을 추면서
순간의 틈새 노리는
고추잠자리들과 입맞춤하며
뒹굴기도 하면서

꽃잎 속 숨어 연밥 키우던 어둠 속 씨알들
그 사이 쏘옥 쏙 굵어지라고

저 환희불들
관능경 설법으로
연못의 여름 한낮을 뜨겁게 펼친다

소금 카라반

— 유배시편 · 37

소금 짐이 무거워서가 아니다

가족을 위해
모래사막 위 껍질만 남긴 채 죽어 가는 일 두렵지 않다

그런데도 사막에서 살아남는 길 박탈당한
대책 없는 한 낙타

풍차를 돌린다는 핑계로
아내가 불어 대는 모래폭풍에 갇혀

다 녹아 버린 초
그 촛농에 불붙이려 안간힘 쓰고 있다

심지는 이미 줏대를 잃어버리고
흐물흐물 쓰러져 있는데

미싱 소리

— 유배시편 · 38

새벽 빗소리 홀로 듣는다
단절되어 가는 세상 어둠
그것도 잠시, 어머니 밤새
품앗이 한복 박음질 얼마나 촘촘히 하시는지
램프 불빛으로 싱가 미싱 돌리는 소리 촘, 촘
실을 꿰는지 잠시 쉬다가 또다시 촘, 촘, 촘, 촘
깻묵으로 간신히 허기 채우던 시절
지아비의 여자 웃음 꼬리를 치마 말기에 감아
말없이 세상의 틈을 깁고 있다
그 미싱 바늘 회초리에 떠밀려 밤새 책을 읽었다
공부하는 척 소공녀를 읽고
만화책 봉선이와 함께 울고 지새웠다
거센 빗줄기 속에서도 그녀들은
밝게 콧노래 부르면서 꿋꿋이 일어나고
언젠가는 꽃 한 송이 피울 수 있다는
썩지 않는 꽃씨 몇 알 심어 주었다
평생 잊히지 않도록 달음박질치는

어머니의 미싱 소리
가을 산에 들에 더 고운 옷 갈아입히려는지
재봉틀 돌리는 손길 점점 빨라지다가 느려진다
촘! 촘! 촘! 촘! 드르륵, 드르륵

요양원에서

— 유배시편 · 39

평생 하늘땅만 바라보고 살아왔는데
어쩌다 이런 불모지에 밀려나 있는가
보이는 건 흔들 건들 링거 병과 주사 바늘
악취는 에테르로 풀려 나가는데
그 줄에 매달려 간병인의
화장지보다 못한 취급을 받아야 하는가
제 손아귀에 늙은 아이들 목숨줄 달려 있는 양
윽박지르는 소리
숨죽여 듣고 있어야 한다
아들과 손자들 그 목소리와 눈빛이
빛나는 별이었다는 걸 새삼 깨닫지만
그들은 끝내 별빛 한번 보여 주지 않는다
하루가 십 년 같은 병상 동창생들
서로 침묵으로 눈길 피하며
레테 강 너머 세상을 애절히 기다린다
애타게 기다리는 척이라도 해야 한다

바람의 손맛

— 유배시편 · 40

달빛 은근한 봄밤
암갈색 당신 눈동자 속 꿈 지키느라
촉촉이 젖은
눈부처나 되고 싶어요

수수꽃다리 향이 아무리 몸 비비 꼬며 다가서도
눈길 돌리지 마셔요
줏대 없이 흔들리면 파문을 일으킬 테니

그 호수 하도 그윽해
비바람도 파도 눈 뜨게 할 수 없는 심연에서
낚싯대 종일 드리우고

밑 없이 가라앉은 흐놀함 속으로 빠져들고 싶어요
뜨거운 눈길, 끌어당겼다가 놓았다가
바람의 손맛 즐기면서

포옹

— 유배시편 · 41

젊은 유골 한 쌍이 반만년 동안
꼭꼭 숨어 있었다
에곤 실레의 '포옹' 이란 그림처럼 전라의 남녀가
상반신 뜨겁게 끌어안고 있었다
누군가는 욕망의 분출이라고 하고
또 누구는 어떤 공허감을 표현했다고 하지만
근육질 남자와 에로틱 여자의 몸매에서는
금단의 향내 흘러내리고
온몸 마음 달아오른 그들에겐
캄캄한 지하 밀실이 오히려 이상향이었을까
어쩜 하나님의 노여움 피해 숨어든
어느 천사들의 동굴이었는지도 모르지만
금기의 선을 밟아 버릴 수 있는 용기를 가진
그들이 두려워 쫓아 버린 것인가
어쨌든 전자 칩에 갇혀 사는 현대인보다
불꽃 꺼뜨리지 않고
영원히 젊게 사는 길 먼저 찾은 그들이 바로
백 점 인생 아니겠는가

누가 장애인인가
— 유배시편 · 42

다리 하나로 스키를 타는 저 선수
강변에 서서 사색에 잠겨 있는 왜가리를 보고
한쪽 다리를 숨겨 버렸을까
세계 장애인 스키 대회에서 혼자 질주하고 있다

시도 그림도 연애도
어느 것 하나 죽기 살기로 매달려 보지 못한
상처 없는 몸을 자랑하는 내가 가소로워 보인다
다리가 둘이냐 하나냐는 문제가 되지 않는 것을

내 연꽃 누드엔 다리를 아예 그려 넣지 않는다
다리도 날개도 없어야 진정
날아가기 위해 최소한 두 어깨에
화통이라도 달아 보는 꿈을 꾸지 않을까

연꽃들

— 유배시편 · 43

1

제 씨알들 다 여물어도 한 여름 뙤약볕 이고 밭고랑 매는 굽은 등허리, 흙발, 흙손 평생 죄수 내 어머니의 연못, 콩밭에서도 연꽃은 핀다

2

시난고난 그 허기와 씨받이 압박, 그리고 전쟁 중에도 은장도 칼날 서슬 하나로 배달의 씨앗 지키고 이어온 이 땅의 어머니들

3

깊이도 넓이도 끝도 알 수 없는
세상 어둠 산을 통째로 이고 지고
파도와 맞서 깨지고 자빠지느라
그래도 다시 일어서야 하느니
이 악물면서

당신 곪아 터진 상처 돌아볼 겨를 없던
아흔다섯 고사목 내 어머니
마지막 더 캄캄한 길도 당당히 걸어가겠다는
이 땅의 아줌마이길 고집하는

저 산 같은 여자
이.
봉.
화.

아버지

— 유배시편 · 44

그 누구신가요

끝 모를 그리움을 찾아 나서거나
한 끼 가족의 풀칠을 위해
가파른 팔조령 호랑고갯길 무작정 달려야 하는

눈에 불을 켠 저 배고픈
치타들에게
막힌 생 몸뚱아리 뚫어 지름길 내어주는
터널, 당신은
지상의 청정법신이신가요

바삐 가던 길 멈추고 그 어둠 그늘에서
생의 뒤안길 되돌며 머뭇거리는 내게

밥 한 공기 땀방울 눈물방울 소리 없이 씹고 있던
지난 시절 어린 감꽃 꿰어

목덜미에 걸어 주던

아버지
그분이 바로 당신이신가요

스토커

— 유배시편 · 45

살몃살몃 어깨살 내민다
안 보는 듯 슬쩍 훔쳐보다 찰칵!
내 눈 카메라 속 눈부처가 떠오른다
엷은 미색의 속살 솜털을 주춤주춤 비친다
목젖이 보일락 말락 핼쑥하다
그럴수록 더 기다려야 한다
하루, 이틀, 사흘
드디어 하반신 속살 열어 놓고
야릇한 밤 향기까지 솔솔 뿜어 댄다
엔젤 트럼펫,
찰칵!
찰칵! 색의 역사는 그 꽃잎 속 암실에서 시작된다
내 시어의 심장이 옷을 벗는다
꽃은 철저한 저 스토커 색파라치 파파라치
시간을 끌어안아 제 몸빛에 입힌다
빛살 한 점에서 찰칵!
드디어 타오르는 어둠을 살려 낸다

안개꽃 흰 그늘

— 유배시편 · 46

조용히 악보만 넘기고 있는
그림자

연주자에게
조명과 찬사를 돌려주기 위해
있는 듯 없는 듯

너는 누구를 위한 페이지 터너인가

저 빛나는 주인공들을 위해
스스로 흰 그늘이 되어 떨고 있는 너

제 가슴 쓰다듬으며
영혼 깊은 데서 두드리는 통증
그 페이지를
밤마다 남몰래 몰래 넘긴다

푸른 녹을 닦으며

— 유배시편 · 47

아파트 목요 장터에서 만난 생태 한 마리
내 허기계단 당당히 밟고 올라선다
때론 멸치 몇 마리가
한 줌의 푸나물이
수십 년 내 목숨 계단을 넘기 위해
얼마나 많은 생명이 내 구린 입안에서 씹혀야 했던가

돌이켜 보니 아슬아슬하다
다른 누군가가 자신의 한 끼 식사로
내 이끼 낀 이 눈물자리를 탐해
입방아 떡방아를 찧기도 했을 것인가
멀고 먼 시하늘이 단순한 계단이라기에
식은 죽 먹기라며 토끼 한 마리라도 잡으려
마구 오르다 보니
온 사방이 철조망이고 낭떠러지다

그 속임수 숨기느라 계단 모퉁이마다 심은

장미꽃이 향기 품은 유두를 발기 중이다
하기사 남산 양지바른 곳이 모두 젖무덤인데
서로 먹고 물어뜯는 산짐승들의
시발점도 종착역도 모두 무덤 없는 무덤일 텐데
난 오늘도
하늘로 오르는 계단식당 문을 연다
밥그릇에 낀 푸른 녹을 닦고 또 닦는다

엄마의 구두
— 유배시편 · 48

"어떤 사람을 평가하기 전 그 사람의 신을 신고 석 달만 걸어 보아라"라는 인디언들의 금언을 읽고 늦은 밤 엄마의 구두를 신고 걸어 본다

아흔 해 넘도록 오남매의 짐 아직도 지고 계셨던가 아버지가 남기신 땅 때문에 평소 외동아들 하나밖에 안중에 없다는 딸들의 투정 조금 들어주려니 아들이 무섭고 요새는 딸 없으면 서럽다는데 아들 편을 다 들어주려니 딸이 또 섭섭하다

그 피땀을 지키기 위해 아버지보다 더 동동거렸는데 사면초가에 갇혀 먼저 떠난 영감 원망도 해 본다 외딴 과수원에 종일 일꾼을 찾아 대느라 까막새에서 마을까지 요령 소리 요란했을 텐데 이제 발이 아파 구두를 신지 못하겠다며 딸의 목 짧은 부츠를 신고 지퍼도 잠그지 못한다

발가락이 점점 조이며 아파 온다 어머니의 등짐을 지고 계속 걸어 본다 앞으로 내게도 곧 닥쳐올 핏줄의 가시밭길 열린다 이제껏 불씨 잘 조절한 여장부 등에 듬직한 뒤뜰 소나무달빛이 기대어 선다

"어무이예, 이제껏 살아 주신 것만도 고맙십니더"

이산가족에게

— 유배시편 · 49

짐작해 보셨나요? 황조롱이의 발톱에 차인
들쥐처럼 숨 한번 크게 내쉬지 못하고 죽어 가는

삶의 생지옥에서의 오십 년 세월
기다리며 눈멀고 귀먹어 살아온 세월들

흐놀며* 한 뜸 한 뜸 봄꽃 수놓아 임의 옷
박음질하고 있는 제 모습 짐작해 보시나요

그나마 살아 만날 수 있는 것은
바람결 따라 당신이 불어 대는
향피리의 혼불 타는 소리 때문이어요

---

* 그리워하며.

대들보 기둥을 자르다
— 유배시편 · 50

사마천 당신,
대들보 기둥을 자르고*
천년만년을 살아남겠다니요

한 사십을 살아도 토룡탕도 고아먹으며
아들딸 낳고 지지고 볶고 살아야지요
그래도 힘이 넘치면 울 넘어 능소화도 힐끗힐끗
눈요기 슬쩍 꺾기도 하고
그렇게 한 세월 꿀맛 단맛 삼키는 것이
세상 사는 맛이지요

죽으면 썩어질 몸이라 했던가요
아낀다고 누군가의 가슴 따뜻이 덥혀 줄
참나무 숯이라도 될 수 있나요
하물며 수챗구멍으로 흘러가는
물도 기둥을 세워야 흘러내려 간다는데

---

* 문정희의 「사랑하는 사마천 당신에게」서.

치열한 삶에 대한 명상
— 유배시편 · 51

버스 손잡이 쇠파이프가 청춘의 한복판을 관통했다. 옆 가슴을 뚫고 들어와 골반을 통해 질을 뚫고 허벅지로 나왔다. 세 군데의 요추 골절, 쇄골 골절, 제3, 4늑골 골절, 세 군데의 골반 골절, 어깨뼈 탈구, 12군데나 골절된 오른쪽 다리와 비틀리고 짓이겨진 오른발 평생 32번 수술, 유산 세 번, 남편 디에고는 처제와 사랑놀이에 빠지고

왜,
운명의 신은
프리다 칼로*의 몸에서 퍼즐 놀이를 해야만 했던가

성냥 한 개비의 불꽃이
사람들 가슴에서 영원히 꺼지지 않도록

그녀가 오직 자화상에서만 모르핀과
자유의 날개 찾도록
온몸 대못이 짜 맞추도록 망가뜨려야 했던가

그 흔한 아이도 사랑도 다 빼앗아야 했는가
끝내 자살만이 화려한 외출이 되도록
눈곱만한 자존심마저 짓이겨 밟아 버리고

---

* 멕시코 여성화가.

깨진 접시*

— 유배시편 · 52

냉엄한 사랑이다
구부러진 등뼈 바로잡으려는
회초리
그래서 갓 구운 질그릇들을
망치는 거침없이 깨어 버리는가
받드는 것은 한번은 가루가** 된다던가
서로의 믿음 싸늘히 부서지면서
미소 뒤 숨겨진
아버지의 칼바람
때론 피투성이 되기도 하지만
황토 흙 야무지게 치대어
청자, 한 점
새로 빚는 일
그걸 누가 사랑이라 하던가

* 오세영의 「그릇」에서.
* 박목월의 「사역질砂礫質」에서.

숟가락 섬
— 유배시편 · 53

사람의
섬과 섬 사이
숟가락엔 어느 노가다의 탄식이 남아 있는가

메마른 영혼의 물기 마르지 않게
기꺼이 메아리가 되어 주는
범종의 파문처럼

숟가락 달그락거리는 소리 들으면
삶과 죽음
몸과 몸 사이의 생존을 위해

평생 밥을 실어 나르는
하늘님의 고단한 노동이 보인다

새삼 밥 한 알의 무게 달아 본다

팽이

— 유배시편 · 54

시집이란 살얼음판에서
말씀으로, 눈총으로 두드려 맞고 꼬집히느라
잘도 뱅글뱅글 돌아가더니
그는 화장 짙은 씨앗이 아닌
횡설수설, 술각시 얻어 응급실에서 딴살림 차리고

그 회초리
홧병에 맥 놓고 누워 있으라며 자꾸 쓰러뜨린다
그 여자
그래도 퍼뜩 일어나 눈알 빠지도록 돌면서
지친 고목 떠받들고 서 있다

봄, 여름 지나간 줄 모른 채
이제 겨우 단풍 옷 갈아입으려는데
잎은 떨어지고 찬바람이 뼛골을 들쑤신다
그래도 그 걸음, 멈추지 않으려
뱅글뱅글 새빠지게 제 몸을 돌린다

핵에너지
— 유배시편 · 55

누가 인간을 조롱하는가

어디선 노아의 방주를 준비한다는데
왜, 애써 뇌 썩힌 숫자 골머리 핵에너지를
방사능비로 되돌려 주는가

제 꾀에 속아 넘어가는 인간들이여
너희들이 진짜 괴물 아닌가
한갓 바람 앞 등불 제 잔꾀일 뿐인 원자력 등에 지고

쓰나미가 두려움 없이 산과 방파제 파헤치면서
해초멸치의 그 바닷속
내장 곪아 썩어 문드러지게 하면서

투덜투덜 누가 누굴 향해
지금 연초록 깃발 흔들고 있는가

낙동강
— 유배시편 · 56

1

아흔여섯 해, 근 한 세기를 순응하다 흔들리며 분노하며 용서하며 살아온 강물 오늘도 삐거덕 삐거덕 자신의 낡은 풍차를 돌리고 있다

'너거 아부지는 마실에 숨어 있고 혼자 아아들 셋 데리고 고 외딴 과수원에서 자는 한밤중 총칼 든 빨갱이들이 우르르 몰려와 총구 들이밀며 돈을 요구했지 빨갱이는 아주 무서운 사람인 줄 알았는데 가까운 동네 아는 사람이었어 나중엔 총구 내리며 돈을 요구했지 얼마 전 홍수에 떠내려간 세간 살 돈인데 이것뿐이라며 그 당시 큰돈이었는데 오백 원 내놓으니 모두 고맙다며 돌아가더군

2

그 이튿날 옆집에 그들이 나타났을 때 주인이 엉덩이 밑에 돈 깔고 앉아 주지 않았더니 불을 질러 버렸지

하는 수 없이 과수원을 버리고 마실로 이사했는데 그 집지킴이 구렁이들이 따라 들어온 걸 삽으로 대가리 몽창 몽창 다 잘라 불에 태워 버리더니 그 집이 폭삭 망해 버리더라 난 나중 경찰한테 당당하게 말했어 돈을 주지 않으면 내가 내 자식이 죽는데 어쩔 수 없었다고 후유! 까딱 잘못하면 빨갱이 도왔다고 총살당할 수도 있었는데 그래도 운이 좋았지 좋았어'

한 깊은 강물의 피맺힌 한숨을 오지랖 넓은 오월 바람이 넝쿨장미 가지마다 붉게 핏빛으로 토해 놓는다

누구를 위해 종은 울리나
— 유배시편 · 57

경상도 출신 조선족
고향 생각나면 상을 제쳐 놓고
젓가락으로 두드리곤 하지
'나의 살던 고향은 꽃 피는 산골'
내 여덟에 고향 떠나 돈 번다고 일흔에
다시 한국 갔더니
데리고 간 내 의사 아들이 공사장에서 죽고 말았지
고향땅에서 돈 좀 벌어 보려다가
천금보다 더 소중한 걸 잃었지
같은 핏줄인데도
그 사람들 사람 차별 어지간하더군
참 세상은 받기 어려운 공만 내던지더군
일제강점 시절, 피죽이라도 먹고 살기 위해
이 낯선 중국 땅까지 흘러왔지만
도저히 되받아넘길 수 없는
빠른 직구만 던져 대더군
이제 겨우 좀 살 만해 가는데

직구인 듯 삐끗 이상한 곳으로 빠져 버리는
변화구가 우릴 가두고 말았지
밥은 먹고 살지만
말이 조국이고 고향 땅이지
그 조국이 우리한테 해 준 게 뭔데? 도대체

숨바꼭질
— 유배시편 · 58

1

살결 야들야들 연하다 가끔 씹히는 힘줄 오히려 반갑다 모처럼 친정에서 뜯어 온 상추쌈에 쇠고기 부채살 한 점 넣어 씹는다 씹을수록 살 맛이 참기름과 섞여 달큰 고소하다 그런데

육즙은 쩝쩝거리며 왜 내 모습 비춰 주는가 어른들께 그에게 또는 가까운 이들에게 이처럼 온몸 다 바쳐 내 단맛 내어 준 적 있는가 가끔 거칠게 씹히도록 성깔 맛 한번 보여 준 적 있는가 은근히 따져 물으며

2

물에 물 탄 듯 뺏뺏하고 싱겁기만 했던 나를 야무지게 씹는다 늘 적당히 구렁이 담 넘어 가기만 기다리던 거울 속 내 비겁을 쨍! 쨰쟁! 깨뜨린다

그러나 눈치만 키운 그는 결코 혼자 죽지 않는다 얼

른 세포분열하면서 제 몸 조각들 양심 뒷면에 꼭, 꼭,
숨겨 두고 떠난다 언제 끝날 것인가 숨 막히는 이 세상
살이 숨바꼭질은

어느 무용수
— 유배시편 · 59

'아들아, 나는
네 두 팔을 잘라 냈단다
네 애비는 울 수도 없는 죄인이다'

'아버지,
제 팔은 제 마음속에 있어요
발가락으로 실을 꿰어 바느질까지 할 수 있는걸요
새싹에 물 주며
그 생명들과 교감하는 춤으로
무용수가 되었는걸요'

목숨을 살리기 위해
아들의 썩어 가는 두 팔을 잘라 낸
중국 어느 아버지의 피눈물, 핏줄이란
서로를 옭아매는 쇠사슬 감옥 같은 것인가
지체장애자끼리 각자 퍼즐 조각들 서로 맞추어
무대에서 완전한 작품이 된다

한 알의 모래알이나 유리 조각일 뿐이었던 몸
서로 바라보면 피눈물 나는 그 시간을 갈고 닦아
영롱한 유리공예품으로 다시 태어난

세상 빛이 된 황양광, 그를 보면
탱자 가시 유배지가 오히려
빛발전소로 여겨진다
거기서 생산된 빛은 태양보다 몇 배 더
밝고 따뜻할 것이므로

벚꽃 그늘
— 유배시편 · 60

붕, 붕, 붕, 벌 나비 꽃들의 봄 교성
막 수정을 끝낸 꽃잎들 하르르하르르
짜장 묻은 내 나무젓가락에 내려앉는다
제 한 생이 지는 걸 도무지 두려워하지 않는다

절정 뒤 취한 여인의 눈빛으로
서로 한 몸이 되어 날아오르는 꽃잎, 꽃잎
시인들 모두 자리 깔고 무릎장단 맞춘다
얼~쑤! 더덩, 덩, 덩더꿍

'어와, 내 병이야 내 님의 탓이로다'
정철의 한 구절 표절하다 벌떡 일어난다
사월 햇살 봄 사타구니 더듬더듬
도대체 나의 님은 어디 위리안치 되었는가

어절시구 남은 짜장에
붉은 포도주를 부어 휘젓는다

명자꽃 접시에 담긴 하늘이
검붉은 장막 걷고 지상을 엿본다
바람과 꽃잎 까르르 밀고 당기는 소리에
기우뚱! 지구가 흔들린다

얼음 축제

— 유배시편 · 61

소나기 오던 한여름에 그는 얼어 버린 것인가
뿌리부터 서서히 차가워 오는 자국 느끼면서도
어쩔 도리가 없었겠지

크리스탈 식탁 등 아래
노란 앞치마 두른 아내와 분홍빛 뺨의 남매들이
퇴근 시간 통통 달려와 품에 안겨
꺼칠한 수염 자국에 볼 비비던
고 햇빛 달빛 몽우리들
낡은 흑백사진 속 한 장면
얼음 조각으로 멈춰지고

여름 한파에 사업도 가정도 다 잃어버린 그 남자
조금씩 녹아내리다가 다시 굳어 버리는
얼음 축제
추억의 단맛들 애써 핥으며
역 대합실 의자에 누워 봄꽃 자지러지게 피우던

그 시절의 꿈 길게 청해 보는 것인가

누군가에게 알곡 다 빼앗겨 버린
볏단끼리 서로 기대서서 시린 몸, 마음 비비며
어깨 다독여 주는 초겨울 빈 펀드기*의 꿈을

---

* 넓은 들.

꼽추 난장이

— 유배시편 · 62

1

이젠 사하라사막도 그 어떤 사막도 두렵지 않다
어차피 꼽추 난장이라는 황량한 모래벌판에서
나는 태어났으니
날마다 휘몰아치는 모래 폭풍도 견뎌 낼 만하다
미역국 한 숟갈 먹기도 송구스런
어미의 가슴, 캄캄한 지하 갱도에 비하면
전갈들이 비웃으며 득실대는 인간 사막
기껏 일 미터 단신의 발뒤꿈치 깨물어도
까잇거! 하하 웃으리

2

물어뜯어라
네 서슬 푸른 독기 단봉에 모아
모아서 인생처럼 짊어지고
오늘도 살아가야 할 이유를 찾아 나선다
터덜터덜 땡뻬 사막을 걸어가는 동안

사람 전갈의 독은
빗장 걸어 버린 벽 안에서
나 스스로 나를 만들고 있다는 걸
혼자 깨닫는 게 된다
세상 유배의 오지를 찾아다니는 한비야
3초마다 한 아이가 굶주려 죽어 간다는
말의 뼈다귀 씹다 보면
풀 한 포기 버틸 수 없는 모래벌판이 오아시스로
가끔은 신기루로 보이기도 한다

밤바다가 날개 펼치면

— 유배시편 · 63

동성로 밤거리를 잠재울 줄 모르는
밤파도아저씨
싸구려 옷자락 펄펄 펼치며 날아오르기 직전

'자, 단돈 만 원, 마————ㄴ 원, 배추 한 잎이면
당신이 바로 꽃보살!'

제 몸 어딘가 숨겨져 있다고 믿는
날개 찾느라
몸부림치며 소리 지르다가

밥알 한 숟갈
그 아득절망이 살아야 할 질긴 이유이므로
다시 퍼덕, 퍼덕, 날개 펼쳐 본다

그 순간만은 밤하늘 낮게 아주 낮게
별들도 같이 내려앉고 있다

달팽이 우화
— 유배시편 · 64

운문댐 수몰지구 장씨 아저씨
누덕누덕 기운 꿈 보따리 짊어지고 상경하더니
온몸의 뼈와 살 다 짜내어 10여 년
달동네 벌집 한 칸 마련하였더니

이제 육신의 힘 허물어지고 있는
등뼈 위에 그 벌집 하나 짊어지고
노을 지는 삶의 비탈길
허덕허덕 오르는 모습 뒤엔

무슨 하늘의 운세인지
서울에서
집 한 채 등에 지고 태어난
달팽이 한 마리
제라늄 이파리에서 보란 듯이 기어가고

갯바위

— 유배시편 · 65

바다는
산을 갉아 먹으려 쉼 없이 몸부림이고
산은
그 바다 밀어내느라 잠 한숨 못 들고

그 틈새 작은
돌부처 하나 가부좌 틀고 앉아
산은 산으로서
바다는 바다로서
서로의
경계선線, 지켜야 한다며

미세기*의 시달림으로
제 온몸 찢기고 부서지는 줄 모르고
세월없이 목탁 두드리며
경전파도 뒤적인다

* 밀물 썰물.

씨앗화엄

— 유배시편 · 66

베란다 수챗구멍이
빨간 나팔꽃 한 송이 피웠다
인정사정없이 쓸며
내려가는 햇채물 감당하지 못하는
흙도 없는 그 구멍이

한 생명 뿌리 뻗도록
흘러내리는 모래알 조금씩 모아
다독이면서

지구의 어깨
— 유배시편 · 67

1

저 가녀린 어깨에 얼마나 큰 무게 실려 있었던가
초가을 별빛 줍느라 잠은 밤새 돌아오지 않는다
흰 바람벽에 먹살 잡힌 옷걸이 하나
싸늘하게 눈동자 깜박이는
열아흐레 달빛을 입어 더 핼쑥하다
한 쪽 벽으로 비스듬히 기울어지는 지구의 어깨
낮엔 왜 보지 못했던 것일까
너덜너덜 껍질마저 벗겨진 채 깡통으로 찌그러져 있다

날마다 허영의 공깃돌 한 주먹씩 쥐었다가 흩어버리는 나의 낚시 바늘들 그 바늘이 물고 있는 그의 시간이, 돈다발이 그 살의 뼈 벗기며 끌고 다녔었지 한때 내 배꼽열쇠가 그의 비밀금고 빗장을 열고 들어가거나 압력솥의 추 끓어오르다가, 뾰족 손톱이 그의 어깨 피 흐르도록 할퀴어 대기도 했었지

2

그 소리 요란하기만한 난바다 산 같은 파도 헤치며 몇 사람의 밥통 지키느라 짓눌렸을 저 가장의 무너져 내리는 어깨, 소설 몇 권치 삶의 태백산맥 짊어지고 불면으로 깊어가는 밤을 헤아리며 벽 못에 물려 있다

뿌리 없는 내 허망의 귀틀집에 감금당한 저, 뼈 속까지 구멍 난 남자 이제 살집 두툼한 내 어깨에 찢어진 그의 날갯죽지 뼈대가 기대어야 할 때인가 저, 열아흐레 달빛 옷걸이는 은근히 그것을 내게 강요하고 있는데

당신의 추가 무거울 때면
— 유배시편 · 68

허구한 날 되풀이하는 일 뿐이라고
가장의 추가 무겁다고 떼버리지 마세요

그 무게가 당신의 안방을 지키고
하늘과 땅을 받쳐 주고
당신을 견디게 하는 힘의 원천이지요

그 연장이
시간의 맥박 재촉해서
내 자궁 속 썩히고 낡아가게 한다지만
그 떨림이 새싹을, 이파리를, 꽃을,
화르르 피어나게 하는 힘 대가리지요

시계추는 당신 몸 지구의 중심이지요

콘트라베이스
— 유배시편 · 69

저 몸집 큰 사내
퉁, 퉁, 퉁,
별의 은종 소리 내지 않고도
몸 속 어딘가에 숨겨 놓은 내 깊은 뿌리 뒤흔든다

생의 줄타기에 이미 무뎌진
제 몸뚱아리 어디서 그 떨림을 찾아내고 있는지
부푼 비눗방울 속에 든 눈알들
퉁, 퉁, 투둥, 퉁, 퉁, 마구 튕겨내고 있다

툭, 문득 지구를 깨뜨리는
일순의 정적
그 소리 행간에 못 하나 박으려
발등의 실핏줄 터지도록 떨고 서 있는가

가로등, 삿대를 젓다

— 유배시편 · 70

큰길에서 연등 밝혀 들고 급히 흘러가는
시간의 물살
그 틈새에서 떨어지는 미세한 먼지 입자들이
조용히 가라앉고 있는 듯하지만
실은 그 앙금들끼리 처절한 혈투를 벌이거나
삶이란 깃발 아래서 칼날을 갈고 있다

사람은 자신의 마음이라는 그릇 크기에 따라
제 별자리 만든다고
어둠의 장난, 숨은 소용돌이가
어떤 이는 부처로
어떤 이는 사형수라는 지울 수 없는
붉은 선線을 키우기도 한다
그 모든 것 위장하기 위해
밤은 마녀의 빗자루를 탄다
알록달록 휘황한 불꽃들을 피워 올린다

가로등은 밤 내 잠들지 못하고
이 깊은 혼돈의 강에서 빠져나가야 한다며
긴 삿대를 젓고 있다

노 젓다, 밤을 태우는 힘으로
— 유배시편 · 71

초겨울 어느 밤
'불타는 조개'
간판을 붙잡느라 바람에 펄럭이며 안간힘을 쓰는
포장마차엔 온갖 사람들이 소주 한 잔에
고집스런 서로의 선, 지우며
시달렸던 하루를 씻어 내리고

그 자리엔 회전의자의 높낮이, 아파트 평수도 상관 없이 곰장어 굽는 불길이 지글지글 추위를 녹여 주고 공들여 키운 아들을 사랑이란 덫에 잃어버린 아버지, 울며 늘어놓는 푸념도 공사장에서 죽도록 일하고도 품삯을 받지 못한 어느 아저씨의 쓰린 가슴까지 같이 따뜻이 데워 주면서 그 시간만큼은 서로 순대 속처럼 끈끈한 피로 엉켜 시린 추위를 달래 주고

하찮은 조개 몇 개와 막창들이 그리고 떡볶이까지
아무 힘없어 보이는 것들끼리 어울려 어둠을 몰아내려

불 지피며 세상을 움켜쥐고 끌어당기거나 끌어안는

힘, 그 힘이 밤바다 뱃전에서
노 젓고 있다
삐거덕삐거덕 어둠의 깊이도 잊은 채

21세기 식인종

— 유배시편 · 72

도심의 한 중간에서 살타는 냄새가
굶주린 하이에나들 침 흘리며 배회하게 한다
아직도 살아 있는 인육을 구워 허기 채우고
검은 연기는 둥둥 원시의 춤을 춘다
그나마 날것으로 먹지 않아 다행이다
하찮은 이슬들이 아픔을 느낀다는 걸
그들은 사치라고 생각한다
그 한 방울이 풀의 생명수란 걸 잊은 채
대구 지하철 중앙로에서의
아비규환
새들의 울음쯤으로 여긴다
좀 더 조심스레
선 그을 줄 모른다고 눈 부라리면서

■ 에필로그

유배流配의 시적 형상화와 그 의미

— 정 숙 시집 『유배시편』에 대하여

이 동 순[1)]

1

유배란 단어에서는 봉건시대의 체취가 풍긴다. 하지만 우리의 삶에서 사라진 지 이미 오래된 이 말의 사회학적 효용성은 이제 정 숙鄭淑 시인의 붓끝에서 다시 되살아났다. 유배란

1) 시인, 문학평론가. 동아일보신춘문예에 시 당선(1973), 문학평론 당선(1989). 시집 『개밥풀』, 『물의 노래』, 『발견의 기쁨』, 『묵호』 등 14권 발간. 민족서사시 『홍범도』(전 5부작 10권) 완간. 문학평론집 『민족시의 정신사』, 『잃어버린 문학사의 복원과 현장』 등 4권 발간. 분단 시대 매몰 시인들을 민족문학사에 복원하는 사업에 주력하여 『백석 시전집』, 『조명암 시전집』, 『권환 시전집』, 『조벽암 시전집』, 『이찬 시전집』, 『박세영 시전집』 등을 발간함, 신동엽창작기금, 김삿갓문학상, 시와시학상, 정지용문학상 등을 받음. 현재 영남대 국문과 교수.

무엇이고 시인은 무엇 때문에 이 단어의 문학적, 비평적 탐구에 그토록 충실한가?

유배는 무거운 죄를 지은 죄인을 먼 곳으로 추방하는 것을 말한다. 죄인에게 형벌을 주는 방식은 원래 죄의 크기에 따라서 다섯 가지가 있었는데, 태笞·장杖·도徒·유流·사형死刑이 바로 그것이다. 이러한 형벌의 방식은 대개 중국의 법서인 『대명률大明律』의 방식을 그대로 본받아서 따른 것이었다. 유배는 이 오형五刑 가운데서 네 번째에 속하는 형벌이다. 귀양살이라고도 불리는 이 유배 형벌은 일찍이 고려시대부터 있었던 것으로 확인된다. 고려시대의 유배는 관리가 공물을 훔치거나 뇌물을 받은 경우, 혹은 승려가 소속 사원의 미곡을 훔친 경우에 정식 형벌을 면제하는 대신 지위와 특권만을 박탈하고 본관지本貫地, 즉 고향으로 돌려보내는 것이다. 말하자면 귀향 조치였던 것인데, 이 '귀향' 이 이후 '귀양' 이란 말로 전성되었다. 그러나 이 고향으로 되돌아오는 귀양살이는 모든 물질적 기득권을 그대로 유지한 채 유유자적한 생활을 하였으므로 형벌로서의 의미는 현저히 퇴색되었다.

조선시대의 유배는 주로 정치범들에게 행하던 형벌로서, 서울에서 아주 먼 곳으로 떠나보내는 매서운 고립의 방법이었다. 대역부도의 죄를 범했거나, 반란이나 음모에 가담한 중죄인에게 적용하던 행형行刑이었다. 하지만 주로 정적이나 반대파를 숙청하는 수단으로 이용되었다. 유배를 떠나기 전에 곤장을 무려 100대나 때려서 출발을 시켰으므로 유배지로 가는 중에 절명을 하는 경우도 있었다고 한다.

이러한 유배의 종류는 거리에 따라서 차등을 두었는데 주로 2000리(약 800km) 밖인 경우와 3000리(약 1200km) 밖인 경우로 나뉘었다. 유배의 방식으로는 이주移住, 정배定配, 무기정배無期定配, 원지정배遠地定配, 절도정배絶島定配, 절도안치絶島安置 등이 있었다. 무기정배는 평생토록 귀양살이를 해야만 하는 형벌이었고, 원지정배는 아주 먼 험지險地로 떠나는 귀양살이였다. 절도정배는 육지에서 고립된 외딴섬으로 귀양을 떠나는 형벌이며, 절도안치는 그 낙도에서도 거주 제한을 받는 형벌이었다. 이처럼 귀양지에서의 이동 및 거주를 제한하는 형벌을 위리안치圍籬安置라고 하는데, 거주지에 가시나무 울타리를 쳐서 죄인의 일거일동을 감시한다. 가극안치加棘安置는 울타리의 가시나무를 더욱 촘촘하게 치는 방식을 가리킨다. 천극안치栫棘安置는 낙도의 거주지에 갇힌 죄수가 햇빛마저 볼 수 없도록 사방을 완전히 봉쇄하는 잔혹한 형벌이었다.

조선왕조 초기에는 배극렴(裵克廉, 1325~1392) 등의 신흥세력으로부터 쫓겨난 이색(李穡, 1328~1396)이 전남 장흥에서 유배 생활을 했다. 김굉필(金宏弼, 1454~1504)과 조위(曺偉, 1454~1503)는 전남 순천으로 유배 길을 떠났다. 조광조(趙光祖, 1482~1503)와 최산두(崔山斗, 1483~1536)는 전남 화순에서 유배 생활을 했다. 이주(李胄, 1471~1504)와 노수신(盧守愼, 1515~1590)은 전남 진도에서, 신잠(申潛, 1491~1554)과 윤구(尹衢, 1495~1549)는 전남 장흥과 영암에서 각각 유배 생활을 묵묵히 견디었다. 실제로 전라남도의 여러 곳에는 유배자의 학문과 교육의 산실 구실을 했던 유산과 유물들이 많이 남아 있다고 한다. 이들 이외에도 정약용(丁若鏞, 1762~1836)이란 이름 석 자를 떠올리면 먼저 전남 강진을 떠올리게 되고, 김정희(金正喜, 1786~1856)라 하면 제주도 서귀포의 적소謫所를 당연히 연상하게 된다. 이러한 유배자의 의식과 행동은 지역문화의 형성과 문화 변동에 크게 작용했던 것으로 보인다.

당시 유배지에서 산출된 유배문학의 미의식은 대체로 어떤 모습이었던가?

한 전문학자의 분류에 따르면 첫째 번잡한 세상으로부터 삶의 터전이었던 자연으로의 귀환, 둘째로는 각자의 심적 갈등을 해소해줄 수 있는 방편으로서 자연 친화 계기, 셋째 수기修己와 경학経学으로 이어지는 시 창작에 전념할 수 있는 터전으로서 선택된 자연 등으로 나뉜다. 주로 사림파士林派와 훈구파勳旧派가 각각 정권을 잡고 득세를 하게 되면 서로를 정적으로 삼아 유배를 떠나보내는 복수의 혈전과 권력투쟁의 경과가 일반적인 현상이었다. 조선시대 유배시의 중심적인 경향은 '새장 속에 갇힌 새'에 자신을 비유하는 모습이 많았다. 이를 바탕으로 고향으로 돌아가고 싶다는 강렬한 현실 복귀 의지를 표현하였다.

이처럼 유배문학의 보편적 정서는 상실감, 단절감이 기본으로 작용하고 있다. 그러한 감정은 모두 내적 갈등에서 표출된 것이라 할 수 있다. 말하자면 유배된 자신의 현실적 정황을 인정하지 못하는 내면 정서를 담아내고 있는 것이다. 울분, 좌절감, 혹은 국가의식으로 변형된 충절 의식으로 표현되기도 한다. 유배지에서의 생활이 차츰 심리적 안정을 이루기 시작하면서 형성되는 현실동화現實同化의 한 측면도 이따금 확인된다.

오랜 유배 생활의 체험에서 생겨나는 정서는 자연히 유배지를 감옥에 비견하는 고립 의식으로 나타났을 것이다. 오스카 와일드Oscar Wilde는 『옥중기獄中記』에서 감방 속 시간과 죄수들 마음속의 풍경을 황혼과 눈물에 비견하고 있다. 시간의 세계도 동작을 잃어버렸듯이 사유의 세계도 동작이 소멸된 상태라고 표현한다. 『도둑 일기』로 작가적 명성이 널리 알려진 장 주네는 시커멓고 묵중한 감옥의 분위기를 지속적으로 그려 내고 있다.

2

유배 개념은 고립감, 단절감, 좌절감, 울분 따위로 파생되고 발전한다는 점에서 예나 제나 크게 차이를 나타내지 않는다. 정 숙 시인의 시집 『유배시편』이 주로 다루고 있는 유배 개념은 무엇인가? 그 또한 위의 유배 개념들과 대체로 유사하다. 하지만 유배 대상이 별도로 선택되어 있지 않고, 이 시대를 살아가는 현대인 모두가 불행이라는 감옥에 갇혀 유배된 존재들이라는 점을 보편적으로 인식시켜 주고 있다. 불교에서 말하는 여러 지옥 중의 하나로 검림지옥劍林地獄이란 것이 있다. 이 지옥에는 시뻘겋게 달은 금속제 과일이 검수劍樹란 나무에 주렁주렁 열려 있다. 죄를 많이 짓고 지옥으로 떨어진 무수한 망자亡者들은 온몸을 찢기고 파괴를 당하면서 검림지옥에서의 고통을 감수해야만 한다. 시집 『유배시편』에 등장하는 다수의 가련한 존재들은 결국 우리들 자신의 또 다른 모습에 다름 아닌 것이다.

정 숙 시집 『유배시편』은 '유배'를 테마로 한 연작시집 형태로 구성되어 있다.

과거와 현재라는 시간을 살아가고 있는 한국인 모두는 거의 예외 없이 유배된 존재들이라는 기본적 관점에서 이 시집의 작품 의식이 출발하고 있다. 뿐만 아니라 그 한국인들이 현재 살아가고 있는 삶의 장소는 전체가 유배지로 확인되는 것이다. 우선 시인이 시작품에서 구체적으로 형상화시키고 있는 유배된 자들의 전형적인 면면을 살펴보면 다음과 같다.

노숙자, 퀵서비스 배달원, 추사 김정희 선생, 뇌성마비 장애인, 매몰 광부, 바람난 가정주부, 매춘 여성, 임신중절로 죽어 가는 아기들, 감옥의 나환자들, 포옹하는 자세로 출토된 유골, 장애인 스키 선수, 장애인 무용수, 운문댐 수몰민, 지하철 화재로 비참하게 죽어 간 대구 시민들, 누드 촬영장에서 포즈를 취하는 모델, 이산가족, 연주자의 보조원, 세상을 떠난 시인의 부모, 폐지를 수집하는 노파, 영세민 노부부, 시장의 노점상, 새벽 청소원, 갈등 대립하는 시어머니와 며느리, 종가의 맏며느리, 요양원에서 최후를 기다리는 노인들, 노동자로 일하는 조선족 동포, 정신대로 끌려갔던 한국인 여성들 등등.

시인이 시집에서 포착하고 있는 시적 대상들을 분석해 보면 우리 시대 한국인의 보편적 삶과 그 풍속을 묘사하는 시인의 관심과 포착이 극히 충실하다는 점을 먼저 지적할 수 있다. 결국 작품에서 다루고 있는 인물들은 우리 자신의 모습을 다룬 것에 다름 아니다. 실제로 정 숙 시인은 함께 살고 있는 가족과 가족사家族史의 표상을 떠올리며 유배인의 전형적 유형을 그려 내고 있다. 그러한 작품에서 유배지는 시인의 집 안방이거나 가문의 주변이다. 관습과 제도, 규범이라는 완강한 틀에 구속되어 평생 속박 속에 살아왔다는 인식을 바탕으로 작품 의식의 기초가 형성된다.

시 「돛」은 서울역 대합실 주변에서 흔히 볼 수 있는 노숙자들의 광경을 다루고 있다.

> 세상사 뭐든지 꿰매고 깁던 버릇 버리지 못해
> 긴장된 순간들을 모아 시간 조각보 박음질하네
> 가슴속 낡은 생의 미싱 바퀴를 돌리고 있네
> 침침한 바늘귀에 실 꿰어
> 지친 손가락 마디 호고 감치네
> 끝내 바늘귀를 찾지 못하고
> 헛바퀴만 몇 바퀴 드르륵 돌리다가
> 무연히 드러눕는 사람들
>
> —「돛—유배시편 · 2」 부분

노숙자들의 처연한 광경을 '시간의 박음질'로 표현한 시인의 관점은 돋보인다.

시 「돛대」는 추사 김정희의 〈세한도歲寒図〉를 그리고 있다. 〈세한도〉는 김정희가 1844년 제주도 유배 시절에 그린 대표작이다. 제자인 역관 이상적李尚迪의 변함없는 의리를 날씨가 추워진 뒤 제일 늦게 낙엽 지는 소나무와 잣나무의 지조에 비유하여 답례로 그려 준 것이다. 그림 자체는 단색조의 수묵과 마른 붓질의 필획만으로 이루어졌으며, 소재와 구도도 간략하게 다루어졌다. 이와 같이 극도로 생략되고 절제된 화면은 직업 화가들의 인위적인 기술과 허식적인 기교주의와는 반대되는 문인화의 특징으로 작가의 농축된 내면세계의 문기文気와 서화일치書画一致의 극치를 보여 준다. 그야말로 문인화 이념의 최고 정수를 보여 주는 작품이다.

> 저, 늙은 소나무 하나
> 겨우 세 평짜리 안방에서
> 뼈만 앙상한 제 면적조차 과분하다며
> 허옇게 이파리 떨어뜨린다
>
> —「돛대—유배시편 · 1」 부분

꼿꼿한 선비정신과 그 절조를 지키며 고통을 묵묵히 견디었던 추사 김정희 선생의 유배 시절의 삶을 떠올리며 유배 정신의 시적 형상화에 성공하고 있다.

시 「김 배달」은 퀵 서비스업을 하며 살아가는 한 남성의 생애를 다루고 있다. 그 역시 삶의 중심부에서 밀려나 음습한 주변부에서 고통을 겪으며 살아간다.

> 이제 겨우 세상맛을 알 만한 나이인데
> 밀려나 세월 오토바이를 탄다
> 부릉! 부르릉! 온몸 솜털이 곤두서서 춤을 춘다
>
> —「김 배달—유배시편 · 8」 부분

이처럼 시집『유배시편』에서 다루고 있는 인물유형의 전형성은 '밀려난' 존재들이다. 그들은 그 어떤 유리한 기회도 갖지 못하고, 물질적 혜택에서도 소외되어 있다. 그들은 하나같이 직장에서 해고되고, 시어머니와 불화하며, 독재 권력에 시달린다. 대립과 갈등의 관계에서는 하나같이 피해 받는 불리한 위치에서 신음하고 있으며, 병상에서 자신에게 찾아온 늙음, 혹은 질병에 시달리고 있다. 그들 유배된 자들의 상당수는 신체의 일부가 사고로 절단당했거나, 여러 연유로 불구적 장애를 겪고 있다.

3

1960년대와 70년대의 경제개발을 통해서 한국 사회는 산업화가 급속히 이루어지고, 1980년대부터는 사회 각 부문에 걸쳐서 민주화가 진행되었다. 산업기술이 발달하면서 재화의 대

량생산이 이루어지고, 그에 따라 물질적 풍요는 크게 증대하였지만 그 부차적인 결과에 대처하는 능력은 이를 전혀 따라가지 못하고 있는 형편이다. 물질적 편의를 창조하는 능력은 신장되었으나 정신적 안락을 유지하는 능력은 오히려 위축된 것이 사실이다. 산업사회에서 인간이 나타내는 소원감(疎遠感, estangement), 상실감, 불안감, 절망감, 비인간화, 냉담, 사회해체, 원자화, 고독감, 무력감, 무의미감, 무규범감(아노미), 고립감, 비관주의 등은 1970년대 이후의 문학 작품에서도 매우 중요한 테마로 부각되고 있다. 이러한 모든 것을 통틀어서 우리는 소외감alienation으로 통칭할 수 있을 것이다.

봉건체제가 무너지고, 산업화에 따른 개체화의 과정이 일어나면서 소외는 중요한 사회문제로 대두되었다. 인간이 독립해서 자유롭게 생각하고 행동하는 존재가 되었으나, 또 다른 한편으로는 소집단적 규제의 틀 속에서 벗어나 자유를 얻기는 했어도 정신적 · 물질적으로 인간이 누리던 소속감과 안정감을 상실해서 고독감과 불안감은 점점 증대되어 가는 양상을 나타내었다. 이러한 소외의 양상은 어떻게 발생하는가?

첫째로는 타인과의 관계에서 오는 소외로서 고독감, 유대감의 결여, 사회 관계에 대한 불만감 등으로 나타난다. 둘째로는 노동과 작업에서 나타나는 소외 현상으로 직무 불만감, 본질적 보상의 결여감, 무의미감, 노동에 대한 통제력의 결여, 자아 표현의 결핍감에서 오는 소외 등을 들 수 있다. 셋째로는 현대사회의 정치, 경제 등의 구조적 차원과 관련해서 일어나는 소외로서 무력감, 불신감과 무관심, 사회적 사태에 대한 이해 불가능의 감정, 무의미한 선택의 강요 따위로 나타나기도 한다. 넷째로는 사회문화적 소외 현상으로 문화적 소원감, 무규범감 등을 들 수 있다.

이러한 소외 현상의 사례들은 산업체 근로자, 지식인, 대학생, 도시 성인, 가정주부, 노년층 따위에서 동시다발적으로 발생할 수 있다. 산업체 근로자의 경우 무력감, 무의미감, 무규범감, 자기 소원감, 문화적 소원감, 사회적 고립감 등으로 나타난다. 지식인의 소외 의식은 대인 간의 소외감, 직무와 관련된 소외감, 정치 · 경제 면의 소외감, 사회 · 문화 면의 소외감 등을 들 수 있다. 대학생들이 나타내는 소외감이라면 대인 간의 소외감, 학업과 관련된 소외감, 정치 · 경제 면의 소외감, 사회 · 문화 면의 소외감이 있다. 이러한 현상은 도시 성인의 경우에도 마찬가지다.

정 숙 시인의 시집 『유배시편』에 등장하는 소외의 여러 사례와 유형들을 살펴보기로 하자.

> 그 열기, 그 숨결
> 가쁘도록 돌리고 또 돌려 대지만
> 헛바람만 온 집안 들쑤시고 돌아다닌다
> 밤낮 휑한 빈집에 갇힌 찬밥 덩어리
>
> —「미친바람발전기—유배시편 · 4」 부분

이 작품에서 시적 화자는 가정주부다. 애를 쓰며 살아온 삶과 세월들이 억울하고 안타깝게만 느껴지는 한 여인의 소외감, 허무감이 잘 반영되어 있다. 자신을 '찬밥 덩어리' 에 비견하는 대목에서 그 절실함과 호소력이 크게 부각되고 있다.

> 가출한 뒤
> 역전 뒷골목에서 밤마다 불 밝히며
> 제 병든 꽃가루한숨 파느라
> 사람들의 시선 끌어들이던 길거리
> 숨은 꽃
>
> —「호객 달맞이꽃—유배시편 · 10」 부분

밤거리에서 길손에게 호객하는 매춘 여성을 다룬 시작품이다. 그들은 전형적인 소외 존재들이다. 부모의 죽음, 가정의 불화와 몰락, 대책 없는 가출, 미혼모의 자녀, 기타 여러 이유로 말미암아 정상적 삶을 살지 못하고 사회의 밑바닥 존재라 할 수 있는 매춘 여성으로 전락하였다. 그들의 소외감이야말로 그 어떤 소외감보다도 절박할지도 모른다.

> 꽃피는 시절 사랑한다, 미워한다 한마디 말 못하고
> 한 생이 노을 속으로 미끄러져 갔어요
> 어둠의 나이테에 갇혀 막막해서 흐느낄 수도 없으니
>
> —「딸에게—유배시편 · 11」 부분

이 시의 전반부에서 시적 화자의 부모님은 딸에게 무서운 세상살이를 눈구덩이, 혹은 외줄 타기의 곡예로 인식시키며

특히 입과 눈, 귀를 각별히 조심하고 살아야 한다며 세상살이의 지혜를 일깨워 준다. 하지만 어른으로 성장한 딸은 후회와 막막한 소외감 속에서 탄식하듯 이렇게 혼잣말로 중얼거리는 것이다.

일개미에게 공손히 절하는가
90도로 허리 굽히는 한 할머니
빈 깡통 종이 박스에 담긴
헛바람, 헛꿈을 꾹꾹 눌러 단단히 묶는다

육신의 짐에 파묻혀 리어카를 밀고 가는
그 깜깜한 밤을 노을이 천천히 끌고 간다

시간 밥줄은 달동네 판잣집에서도
허리 제대로 펴지 못하고
끙, 끙, 아리랑 고개 아라리오 넘어간다

어린 손자의 밥통 살리려 일평생 고된
그 일이, 버려진 목숨 거듭나게 하는
소중한 일인 것을

아흔이 다 되어도
굽은 허리의 숨은 그 힘 깨닫지 못한 채
넝마 아리랑 고개, 고개를 넘어간다

—「넝마 아리랑—유배시편 · 14」 전문

세상에서 가장 소외감이 큰 사람은 누구일까? 이를 단적으로 지적해서 말하기는 어려울 것이다. 다만 모든 가능성으로부터 차단되고 육신마저 늙고 병든 계층이야말로 이에 해당된다고 할 것이다. 해 저문 거리를 종일토록 헤매 다니며 낡은 유모차에 폐지, 빈 박스 따위를 차곡차곡 수집해 모아서 싣고 다리를 절뚝거리며 아슬아슬하게 걸어가는 허리가 굽은 노인들을 흔히 목격할 수 있다.

시「넝마 아리랑」은 그러한 광경과 그 사회학적 내면까지 잘 그려 낸 작품으로 이 시집에 수록된 작품 중에서 가장 작품성이 돋보이는 명편이라 하겠다. '헛바람' '헛꿈' '육신의 짐' '깜깜한 밤' '노을' '시간 밥줄' '넝마 아리랑' 따위의 시어들이 배합되어 이루어 내는 시적 효과는 가히 독자의 가슴을 저미게 한다.

> 온몸이 썩고 진물이 흘러
> 가정에서 쫓겨나 이웃의 돌팔매질에
> 가슴 찢어진
>
> —「투사, 나환자들－유배시편 · 21」 부분

우리는 문둥이 시인 한하운(韓何雲, 1920～1975) 선생을 기억한다. 그가 남긴 『보리피리』, 『황톳길』 등에 담긴 구슬픈 애조와 처연한 소외감은 만인의 심금을 울렸다. 당시 천형天刑이라 불린 나병 환자로 모진 목숨을 이어 가면서 갖은 핍박과 시련 속에서 연꽃 같은 시편들을 빚어낸 것이다. 그런데 서대문형무소 내부에도 나환자 죄수들을 별도로 수감 관리하는 공간이 있었다고 하는데, 이 작품은 바로 그곳의 역사성을 다루고 있다.

그는 마침내 혼자 떨어져 앉아
섬이 된다
안방 바다 한가운데 쉼표를 찍는다
그동안 삼킨 바람파도 다 끌어안고
혼자 울부짖다가 웃으며 중얼거린다

—「파도 페이지—유배시편 · 28」 부분

이 시대의 가장家長들이 처한 모습이나 위상은 어떠한가? 집안을 일으키기 위해 평생을 등이 굽은 낙타처럼 굴신하며 힘겹게 살아온 그들은 이제 늙고 쓸쓸한 육신을 이끌고 거리를 방황하거나, 아니면 집의 안방에 앉아서 살아온 시간을 멍하게 되새김질하는 무표정한 노인의 모습으로 전락해 있다. 그들의 젊은 시절, 그 용솟음치던 패기와 기상은 모두 어디로 갔는가? 세상을 모두 다 끌어안을 것 같던 포부와 웅대한 의욕은 이제 어디서 찾아볼 수 있나?

시인은 그러한 가장의 현재성을 부군에게서도 발견하고 주저 없이 시적 소재로 이끌어 들인다. '섬' 이라는 시어가 주는 극단적 고립감, 소외감은 절규와 독백으로 연결되는 이 시의 시적 분위기와 장면 효과를 한층 고조시킨다.

그런데도 사막에서 살아남는 길 박탈당한

대책 없는 한 낙타

—「소금 카라반-유배시편 · 37」 부분

시「파도 페이지」와 마찬가지로 이 작품도 우리 시대 가장의 초라한 위상을 그리고 있다. 육신은 늙고 병들어 그 어떤 의욕도 포부도 기획하고 발산하기 어려운 단계에 이르렀다. 노년기에 접어든 대다수 부부들이 겪고 있는 관계의 위기와 갈등까지 은연중에 암시하고 있다. 그 가장은 누구인가? 바로 아버지인 것이다.

젊은 시절, 그 아버지들은 대개 씩씩하고 멋스러우며 청춘을 과시하는 모습이었다. 자녀들에게는 항시 근엄성과 규율성을 나타내 보이면서도, 아내에게는 이기적이고 불충실한 양면성으로 일관했을 경우도 빈번했으리라. 이제 늙고 병들어 몸을 가누기조차 불편한 단계에 이르렀을 때 그 아버지들이 겪는 심적인 소외감은 또 누가 위로하고 감싸 줄 것인가?

평생 하늘땅만 바라보고 살아왔는데
어쩌다 이런 불모지에 밀려나 있는가
보이는 건 흔들 건들 링거 병과 주사 바늘
악취는 에테르로 풀려 나가는데
그 줄에 매달려 간병인의
화장지보다 못한 취급을 받아야 하는가

—「요양원에서-유배시편 · 39」 부분

언제부터인가 노인요양원이란 공간이 설립되어 우리 주변

에서 흔히 볼 수 있는 모습이 되었다. 늙고 병든 부모를 집 안에서 모시지 못하는 자녀들이 매월 요양비를 부담해 가며 입원시키고 있다. 요양원에 입원한 노인들은 처음엔 깔끔하고 정돈된 모습에 안도하지만 차츰 극단적 고립감과 소외감으로 실어증, 우울증 증세를 나타내기 시작한다. TV를 켜놓아도 그것을 정상적으로 시청하는 노인은 별로 보이지 않는다. 거의 대부분의 노인 입원 환자들은 병상에 누운 채로 눈동자의 초점을 잃은 채 천장을 멍하게 바라볼 뿐이다.

밤과 낮을 구별하지 못하는 노인들도 많다. 이렇게 차츰차츰 치매 증세를 나타내기도 하고, 중풍을 비롯한 각종 노인성 질환에 시달리며 서서히 죽음으로 가까이 다가가는 것이다. 자녀와 피붙이들은 주말이면 이따금씩 찾아와 얼굴을 잠시 들여다보고 돌아갈 뿐이다. 특별히 그들을 찾아오는 사람도 없고, 살아가는 아무런 즐거움도 없다. 요양원 측으로 보아서는 귀한 고객의 차원에서 어떻게든 그들의 생명선이 부지될 수 있도록 각종 약물과 주사를 환자의 몸에 투입한다. 식물인간 상태로도 호흡만 유지되면 일단 매달 입원비가 들어오기 때문에 소중한 수입원을 헛되게 놓쳐버릴 수는 없다. 시인은 요양원에 입원한 노인들의 위상을 '화장지' 에 비유하여 그들의 처연한 소외감을 극명하게 표현하고 있다.

들쥐처럼 숨 한번 크게 내쉬지 못하고 죽어 가는

삶의 생지옥에서의 오십 년 세월

기다리며 눈멀고 귀먹어 살아온 세월들

—「이산가족에게—유배시편 · 49」 부분

얼마 전 우리 문단의 원로 시인 한 분이 세상을 떠나셨다. 김규동(金奎東, 1925～2011) 시인이 바로 그 주인공이다. 김규동 시인은 함북 종성이 고향으로 분단 직전 고향 땅에서 어머니와 하직인사를 나누고 남녘땅으로 내려와 이후 60여 년이 넘는 세월 동안 줄곧 어머니를 몽매간에도 잊지 못하는 작품을 쓰고 살았다. 눈만 감으면 어머니 얼굴이 보이고, 꿈에도 어머니가 나타나셨다. 시인의 상상은 자신이 나비가 되고, 어머니도 한 마리 나비가 되어 비무장지대 상공에서 둘이 만나 서로 얼싸안고 울면서 몸 부비는 광경을 떠올리며 그것을 시로 쓰기까지 했다. 기어이 분단의 장벽은 허물어지지 않고 시인의 육신은 늙고 병들어 한 많은 세상을 떠나가셨다. 저세상에서 시인과 어머니는 만나서 껴안고 하염없이 상봉의 눈물을 흘렸을 것이다.

이 시는 김규동 시인과 처지가 같은 이산가족들의 아픔과 처지를 실감나게 그려 내고 있다. 이산가족들도 결국은 유배된 처지로서 그들의 고통이 새삼스럽게 다가온다. 고향을 떠나와 낯선 땅에서 살아온 그동안의 생애가 숨 한번 크게 가슴 펴고 쉬지 못한 세월이었고, 부모 형제와 흩어진 시간들은 가히 생지옥과 다름없었다고 이 시의 작중 화자는 말한다. 눈이 있어도 보지 못하고, 귀가 있어도 듣지 못한 채로 고립된 삶을 강요당해 온 이산가족들, 그들의 아픔은 과연 누가 격려하고 해결해 줄 것인가?

4

이런 점에서 정 숙 시인의 시집 『유배시편』은 고립감, 소외감에 시달리며 대책 없이 살아가는 현대인들의 처연한 아픔과 내면 풍경을 잘 그려 낸 보기 드문 성과물이다. 어쩌면 중량감이 느껴질 수도 있는 사회학적 테마를 시적 탐구와 그 열정으로 너끈히 정리해 낸 귀한 시집이라 하겠다. 시인은 이번 시집의 시편들을 통해 유배 테마를 지속적인 연작 형태로 다루고 있는 까닭과 배경에 대하여 '두려움 걷어 내고, 무장해제 하고, 나를 달래고, 환한 세상 속으로 나아가기 위한 작업'이라고 시인의 말에서 밝히고 있다. 이 말은 불완전한 자아를 완전한 수립으로 당당하게 일으켜 세우려는 시인 자신의 다부진 문학적 목표와 결의와도 관련이 된다 할 것이다.

정 숙 시인은 과거에 펴낸 시집을 통해서 시작품이 지닌 풍자와 해학의 위력을 풍부한 실현으로 보여 준 바 있다. 일찍이 백석이 평안도 방언, 정지용이 충청도 방언, 김영랑이 전라도 방언, 박목월이 경상도 방언을 활용해서 놀라운 효과를 거두었던 문학사의 빛나는 업적들을 우리는 기억하고 있다. 정 숙 시인도 시집 『신처용가』를 통해서 독특한 경상도 방언 효과와 패러디를 응용하여 시인만의 개성적 분위기를 이미 형성한 바 있다. 그 훈훈한 정감의 향취를 많은 독자들이 지금도 기억하고 있다.

시인은 그동안 한국의 전통적인 국악기 리듬인 장구의 특유한 자진모리, 휘모리장단의 민족적 여운과 효과를 시 창작에서 실험해 보기 위해 상당한 기간을 장구 배우는 일에 몰두하였다. 국문학 전공자답게 신라의 향가가 지니는 애련한 서정과 조선시대 가사문학이 지니는 장중한 4음보격의 효과를 하나의 시작품 공간에서 성공적으로 조화를 이루려는 시도를 계속하고 있을 정도로 문학에 임하는 열정은 가히 독보적이라 하겠다. 이런 틈틈이 대구문학아카데미와 인터넷 '포엠토피아' 에서 신진 문학도들에게 시의 길잡이로 활동하고 있으니 그 성실함과 자상함에 대해서는 강호에 평판이 드높다.

이처럼 우리 시대의 시인들은 항시 관심의 촉수를 문학 자체로만 파고들지 말고 문학 주변으로도 분주히 눈을 돌려서 우리가 겪는 삶의 위기와 그 실체를 포함한 다양한 테마들로 시적 관심을 확장해 나아가야 할 것이다. 그래야만 문학이 직면한 위기를 너끈히 극복해 낼 수 있을 뿐만 아니라 문학이 독자들로부터 진정한 사랑을 받는 영역으로 거듭나게 될 것이 아닌가?

시인 정 숙 鄭淑

경북 경산시 자인면 출생
경북대 문리대 국어국문학과 졸업
경주 월성중학교 전직 국어교사
1991년 계간지 『시와시학』으로 신인상 등단
시집 『신처용가』, 『위기의 꽃』, 『불의 눈빛』, 『영상시집』, 『바람다비제』와 DVD 출간
2010년 1월 한국현대시박물관에서 제정한 제1회 만해님시인상 작품상 수상
대구문학아카데미 현대시 창작반 강의
인터넷 포엠토피아 '포엠스쿨 정 숙반' 강의
현대불교문인협회 대구경북지회장, 대구시인협회 부회장, 대구작가회의 이사,
시와시학동인회 부회장

이메일 : jungsook48@hanmail.net
홈페이지 : http://poetjs48.ivyro.net

유배시편

지은이 | 정 숙
펴낸이 | 김재돈
펴낸곳 | 도서출판 시와시학
1판1쇄 | 2011년 12월 1일
출판등록 | 2010년 8월 10일
등록번호 | 제2010-000036호
주소 | 서울 종로구 명륜동1가 42
전화 | 744-0110
FAX | 3672-2674

값 10,000원

ISBN 978-89-94889-25-2 03810